Quoi d'vieux, docteur?

Nicolas HIRGAIR

Éditions ART ET COMÉDIE
3, rue de Marivaux
75002 PARIS

NOTE SUR L'AUTEUR

Lorientais d'origine, Nicolas Hirgair fait ses armes d'auteur et de comédien sur les bancs du café-théâtre. En 2001, il se distingue dans un premier one-man show, *Quel pied!*, à l'affiche du théâtre des Blancs Manteaux, qui le place très vite dans la « cour des grands comiques », dixit *Le Parisien*.

En 2005, il écrit et produit sa première comédie, *Quoi d'vieux, docteur?*, parrainée par Olivier Lejeune qui voit déjà en lui un auteur prometteur : « Il est rare de flasher sur le manuscrit d'une pièce. Celle de Nicolas Hirgair m'a enthousiasmé. »

Auteur, comédien, Nicolas collabore également aux mises en scène d'humoristes chevronnés comme Isabeau de R., Vérino ou encore celle des Filles des Mathurins, un spectacle à trois voix dont il co-signera l'écriture, présenté au Théâtre des Mathurins.

Il poursuit en parallèle sa carrière de comédien dans des classiques comme *Les Fourberies de Scapin* de Molière, *L'Île au trésor* adapté du roman de Stevenson ou encore *Edgard et sa bonne* d'Eugène Labiche et des comédies plus contemporaines comme *Mars et Vénus mis en pièce(s)*, *Yaourt story* ou encore *Cyrano 2*.

Enrichi de ses expériences, Nicolas écrit en 2011 sa seconde comédie, *Marié à tout prix,* parrainée par Isabelle Mergault : « La pièce de Nicolas Hirgair m'a immédiatement séduite car elle conjugue avec brio la comédie et l'élégance. » Cette comédie fut notamment interprétée par Thierry Beccaro et Dominique de Lacoste au Théâtre Edgar à Paris.

En 2014, Nicolas assoit son style et signera sa troisième comédie *Jurer c'est pécher!* qu'il baladera dans toute la France jusqu'au théâtre Les Feux de la Rampe.

En auteur intarissable, Nicolas se lance également dans l'écriture d'une pièce pour enfants intitulée *En avant les petits bolides*, un spectacle éducatif sur le thème de la sécurité routière, soutenu notamment par la préfecture de police de Paris.

Il est rare de flasher sur le manuscrit d'une pièce. Celle de Nicolas Hirgair m'a enthousiasmé car elle révèle non seulement un réel ton de dialoguiste, une invention débridée et originale sur le concept cocasse et réel que les objets ont une âme. Bref, tous les ingrédients pour mener à bien un divertissement de qualité et efficace. Mission réussie docteur ! Le rire étant le meilleur des remèdes, là je garantis au public une cure euphorisante du meilleur effet.

Olivier Lejeune, parrain de la pièce

PERSONNAGES

GRÉGOIRE GIRAUD, médecin généraliste

SOLANGE LEBŒUF, assistante du docteur Giraud

GÉRARD LAMPION, éboueur et frère de Solange Lebœuf

EUGÉNIE DE LA..., inspectrice à la Sécurité sociale

PAMELA, ex-femme du docteur Giraud

DÉCOR

Le cabinet est composé d'un bureau à côté duquel se trouvent une armoire à pharmacie, un miroir ainsi que des étagères remplies de dossiers médicaux. À cour se trouve l'entrée du cabinet, à jardin un accès vers une remise ainsi qu'une fenêtre donnant sur une déchetterie. Au fond de la scène, on découvre la machine du docteur Giraud – sorte de fauteuil aux mille branchements – recouverte d'un drap.

Cette pièce a été créée au théâtre des Blancs Manteaux
à Paris, en 2005.

ACTE I

Dans le cabinet du docteur Giraud, madame Lebœuf, son assistante, entre avec une pile de dossiers dans les bras. Elle se dirige vers le bureau sur lequel est posé un combiné téléphonique. Elle s'en empare et poursuit une conversation téléphonique avec un patient.

Lebœuf, *au téléphone.* – Hum! Oui… Hum! (*Elle pose le combiné et va ranger quelques dossiers. Elle revient au bureau et termine sa conversation.*) Oui… Oui monsieur Blot, je comprends bien. En attendant votre prochaine consultation, peut-être pourriez-vous resserrer les écrous à l'aide d'un petit tournevis cruciforme?… Je compatis, n'en doutez pas, monsieur Blot. Néanmoins, le docteur Giraud vous a longuement entretenu sur la courte durée d'utilisation de cette prothèse. Elle est écologique, extrêmement légère et par conséquent biodégradable… N'était-ce pas la condition *sine qua non* pour que vous puissiez rapidement reprendre vos activités professionnelles? (*La porte du cabinet s'ouvre sur le docteur Giraud.*) Monsieur Blot, le docteur Giraud vient justement… (*Giraud l'arrête d'un geste brusque de la main.*) de ne pas être de retour… Comptez sur moi, monsieur Blot. Au revoir monsieur Blot. (*Elle raccroche.*)

Giraud. – Blot?

Lebœuf. – Le danseur étoile.

GIRAUD. – La jambe artificielle…

LEBŒUF. – Oui. Elle a volé dans le public pendant un entrechat. Deux blessés. Il aimerait comprendre.

GIRAUD. – Je le lui avais dit : des slows ! Rien que des slows ! C'est tout ?

LEBŒUF. – Non. Les parents du petit Anthony ont téléphoné. L'enfant a pris les pilules que vous lui avez prescrites.

GIRAUD. – Oui ?

LEBŒUF. – Il a éternué…

GIRAUD. – Qu'est-ce que vous voulez que ça me foute ?

LEBŒUF. – Il a éternué et tous ses cheveux sont tombés.

GIRAUD, *contrarié*. – Ah… Et ses migraines ?

LEBŒUF. – Envolées ! Comme la jambe de monsieur Blot.

GIRAUD, *satisfait*. – Bien ! C'est ce que les parents souhaitaient, non ?

LEBŒUF. – Dans un sens, oui. Pour les cheveux, je n'ai pas su quoi répondre. Tout le monde est un peu contrarié.

GIRAUD. – C'est tout ?

LEBŒUF. – Non. Votre ex-femme a téléphoné…

GIRAUD. – Passons.

LEBŒUF. – C'est au sujet de sa pension alimentaire…

GIRAUD. – Autre chose ?

LEBŒUF. – Madame Lamiani. Son stérilet auto-nettoyant lui cause des soucis…

Giraud. – Stop ! Ça suffit. Madame Lebœuf, j'aurais besoin d'un cobaye pour une nouvelle expérience. Alors vous allez enfiler votre manteau et me trouver ça au plus vite.

Lebœuf. – Bien. Qu'est-ce qu'il vous faudrait ? Batracien ? Rongeur ?

Giraud. – Une autruche.

Lebœuf. – Plaît-il ?

Giraud. – Je voudrais une autruche. Une autruche de grande taille, docile, très docile. C'est primordial.

Lebœuf, *ironique*. – Rien que ça ! Vous avez une préférence pour la couleur ? On dit que le bleu revient à la mode…

Giraud. – Leboeuf, si la bêtise est héréditaire, un conseil : faites vous cisailler les trompes ! Je la veux adulte. Pas de marmot ! J'ai horreur de ça.

Lebœuf, *découragée*. – Autorisez-moi à prendre un congé sans solde, une année sabbatique. Je connais un vieux couvent isolé en Dordogne avec chambres individuelles et fenêtres murées. Cela me ferait le plus grand bien.

Giraud, *agacé*. – Vous avez une heure ! (*Il se calme.*) Comprenez-moi : dans moins d'un mois aura lieu le prochain congrès de la très honorable Académie scientifique. Je compte bien m'y présenter. Mais pour cela, il me faut impérativement maîtriser cette invention… Mon chef-d'œuvre ! La moindre erreur pourrait s'avérer fatale et tous mes projets ruinés. (*Il part en plein délire.*) Je finirais alors à la rue, alcoolisé, errant entièrement nu dans les bas-fonds en braillant des chansons obscènes…

Embarrassée, Lebœuf enchaîne comme elle peut.

LEBŒUF. – À ce propos, j'ai fini d'expertiser les objets que vous m'avez confiés.

GIRAUD. – Alors ?

LEBŒUF. – La lampe n'a aucun intérêt. Il s'agit d'une lampe de bureau tout ce qu'il y a de plus classique, sans attache particulière. La chaussure en revanche, aurait appartenu à un comédien. C'est écrit sur la semelle : propriété d'Henry Delcrière, sociétaire de la Comédie-Française.

GIRAUD. – Et le bouquin ?

LEBŒUF. – Pour le livre, vous aviez raison. Il s'agit bien d'un original des mémoires de Freud datant du début du siècle.

GIRAUD. – Oui ! Fantastique ! Les crétins sont vraiment des imbéciles.

LEBŒUF. – Oui ?

GIRAUD. – Ils jettent n'importe quoi sans se soucier de leur véritable valeur.

LEBŒUF. – Oui.

GIRAUD. – Un original des mémoires de Freud balancé dans une décharge comme un vulgaire détritus !

LEBŒUF. – Ben oui.

GIRAUD. – Par la barbe de Sigmund ! Une décharge, ça a une âme.

LEBŒUF. – Ah oui ?

GIRAUD. – Mais oui ! Durant sa vie, l'homme entretient une véritable relation affective avec les objets qui l'entourent.

LEBŒUF, *surprise*. – Non ?

GIRAUD. – Si ! Sans le savoir, il imprègne chaque objet de son empreinte magnétique et c'est ce magnétisme qui forme la base de mes expériences.

LEBŒUF. – Oui.

GIRAUD. – Désormais, je vais pouvoir extraire cet héritage magnétique et l'insérer dans mes cobayes.

Giraud se dirige vers sa machine.

LEBŒUF. – Comment ?

GIRAUD. – Grâce à Pamela.

LEBŒUF. – Votre ex-femme ?

GIRAUD. – Ma machine. Je lui ai donné son nom.

LEBŒUF. – Délicate attention. Je vous croyais fâchés ?

GIRAUD. – Justement. Je l'ai créée à son image : pernicieuse, acariâtre, totalement refaite et ramassée dans les poubelles.

LEBŒUF. – Une sorte d'hommage en somme… Je comprends maintenant votre empressement à réaliser cette expérience. Vous comptez la présenter au congrès ?

GIRAUD. – Diable non ! Mon but est de m'approprier l'esprit et le génie de papa Freud grâce à ses écrits. C'est l'ultime intérêt d'une telle expérience. Il va sans dire que cette machine doit rester secrète.

LEBŒUF. – Oui.

GIRAUD. – Vous m'entendez, Lebœuf ?

LEBŒUF. – Oui.

GIRAUD. – Personne ne doit en soupçonner l'existence.

Lebœuf. – Non.

Giraud. – Personne !

Lebœuf. – Oui.

Giraud. – Cessez de faire des phrases, madame Lebœuf ! Et courez me chercher mon cobaye. Il est grand temps pour moi de laisser une trace dans l'Histoire.

Giraud enfile des gants en latex.

Lebœuf. – J'y vais tout de suite… Docteur Giraud ?...

Giraud. – C'est moi.

Lebœuf. – Concernant votre autruche… Je me disais qu'une poule…

Giraud. – Une autruche.

Lebœuf. – Ou un pigeon…

Giraud. – Une autruche.

Lebœuf. – Et une dinde ? C'est un peu la saison…

Giraud, *excédé.* – Au-tru-che !

Lebœuf, *sortant dépitée.* – Bon.

Giraud fouille un sac poubelle dans lequel s'entassent divers objets. Il en sort un coussin.

Giraud. – D'où peux-tu venir petit coussin ? D'un landau ? (*Il sent le coussin. Visiblement, il sent mauvais.*) D'une maison de retraite ? Peut-être as-tu servi à étouffer quelqu'un ? (*Giraud fouille de nouveau dans son sac et en sort un micro.*) Et toi ? De quoi as-tu été témoin ? Des récits d'un conférencier ? Ou des postillons d'une braillarde Québécoise ? (*Il sort une poupée.*) Salut poupée !

Quel est ton secret, dis-moi? Une innocence infantile? Une pratique vaudou? Fétiche ou futile? Nous allons le savoir tout de suite. (*Il place la poupée dans la machine et se dirige vers la cage du rat à qui il s'adresse.*) Alors, Sigmund junior! Tu m'as l'air bien énervé aujourd'hui. On va arranger ça. (*Il ouvre la cage pour attraper le rat et se fait mordre. Le rat s'échappe.*) Ah! Imbécile de putain de connard de saloperie de fait chier de rat! Merde! (*On frappe à la porte.*) C'est fermé!

> *Gérard Lampion, un éboueur, entre tout sourire. Giraud retire ses gants.*

LAMPION. – Bonjour docteur. Calendrier des éboueurs!

GIRAUD. – Monsieur Lampion.

LAMPION. – Cette année, mes collègues et moi, on porte le string! (*Il ouvre grand son calendrier dans lequel on le découvre posant en string.*)

GIRAUD. – Vous parlez d'un argument...

LAMPION. – Si la plastique des éboueurs ne vous inspire pas, je me permets de vous proposer le modèle classique : paysages enneigés, champs de tournesols, animaux de compagnie enrubannés comme des œufs de Pâques… Il y a des amateurs.

GIRAUD. – Je n'en suis pas.

LAMPION. – Nous avons aussi le calendrier personnalisé. Une très chouette idée pour fidéliser le client. J'ai pensé à vous lorsque j'ai vu celui-ci. (*Il sort un nouveau calendrier de son sac.*) Modèle vivisection en laboratoire. Très jolies photos : grenouilles disséquées, chimpanzés couverts d'électrodes ainsi qu'un très beau chien à qui l'on a greffé une tête supplémentaire…

GIRAUD. – Quelle idée!

Lampion. – C'est pour les aveugles. Une sorte de chien panoramique…

Giraud. – L'initiative est louable mais… Non.

Lampion. – Soyez pas pingre, docteur. N'allez pas donner raison à Pamela.

Giraud, *troublé.* – Pamela ?!

Lampion. – Votre ex-femme. Je suis passé dans son quartier avant de venir ici. Très généreuse ! D'ailleurs, elle m'a chargé de vous remettre un message… (*Il le lit.*) « J'attends toujours ma pension depuis juillet. Ne joue pas au con. Je t'aurai prévenu. » Sacrée Pam' !

Giraud. – C'est tout ?

Lampion. – C'est tout ! (*Il vérifie le message.*) Ah non pardon : « Sale con. »

Giraud. – Je vous demande pardon ?

Lampion, *corrigeant le malentendu.* – C'est la fin de son message.

Giraud. – Écoutez, je vous remercie pour la petite commission…

Lampion s'aperçoit que le docteur est blessé à une main.

Lampion. – Qu'est-ce qu'il vous est arrivé ?

Giraud. – Ce n'est rien. Mon rat m'a mordu.

Lampion. – Aïe ! Faut pas laisser pourrir. J'ai un ami Soudanais qui s'est fait mordre par un mulot. Il n'a pas voulu se faire soigner. Deux mois après, on lui coupait les deux mains.

Giraud. – Infection ?

LAMPION. – Vol à l'étalage. Au Soudan, ils ne rigolent pas avec ça. Vous devriez tout de même voir un toubib.

GIRAUD. – Monsieur Lampion, il se trouve que je suis médecin.

LAMPION. – Ne dit-on pas que les cordonniers sont les plus mal coordonnés ? Tiens, d'ailleurs, je ne sais pas ce qu'on dit, sur les éboueurs…

GIRAUD. – On ne dit rien. On se pince le nez et on fait de l'apnée.

LAMPION. – C'est pas très gentil, ça, docteur… Un éboueur sait rester propre. Je suis même le plus chatoyant de ma corporation. Il y a deux ans, j'ai failli remporter le concours national d'hygiène corporelle des éboueurs de France : le QUNACHPEUF. Vous vous rendez compte ?

GIRAUD. – Pas trop, non.

LAMPION. – Ce sont les gars de Meudon qui l'ont remporté. Mais je ne désespère pas ! J'ai retenu la leçon. Je ne dors plus avec ma tenue de travail.

GIRAUD, *glacial*. – Passionnant. (*Lui indiquant la porte.*) Au revoir, monsieur Lampion.

LAMPION. – Attendez ! Que vous n'en ayez rien à secouer de mes calendriers, c'est une chose. Mais je peux tout de même saluer ma frangine !

GIRAUD. – Solange est absente. Une course urgente.

LAMPION, *résigné*. – Bon ! Je vous dérange pas plus longtemps alors.

GIRAUD. – Ce serait très aimable.

LAMPION. – Vous avez sûrement du travail ?

GIRAUD. – Effectivement.

LAMPION. – Vous êtes débordé ?

GIRAUD. – Assurément !

LAMPION. – Je peux pas vous aider.

GIRAUD. – Indiscutablement !

LAMPION. – Bon. Je vais aller boire un coup chez Denise.

GIRAUD. – Je vous en serai gré.

Lampion se dirige vers la sortie et revient sans gêne.

LAMPION. – Oh ! Vous connaissez pas la dernière ?

GIRAUD. – Non mais vraiment je n'ai pas le temps.

LAMPION. – Marguerite, vous savez la femme de Bertin, l'agriculteur. Eh bien, elle vient de mettre bas.

GIRAUD. – S'il vous plaît monsieur Lampion…

LAMPION. – Deux triplés. C'est complètement dingue.

GIRAUD. – Effectivement…

LAMPION. – Et sa vache vient d'avoir une promotion. Comme quoi… À moins que ce ne soit le contraire.

GIRAUD, *exaspéré*. – Monsieur Lampion, je vais vous demander de bien vouloir me laisser travailler.

LAMPION. – J'ai compris. J'ai moi-même à faire, Poupette va accoucher.

GIRAUD. – Qu'est-ce que c'est que ça, Poupette ?

LAMPION. – La chienne de mon beau-frère. Je peux vous en mettre un de côté. Ça m'en fera un de moins à noyer…

GIRAUD. – Oui, vous n'avez qu'à faire ça.

Giraud retire ses lunettes et les pose sur son bureau. Lampion retire le drap qui couvre la fameuse machine du docteur Giraud. C'est une sorte de fauteuil électrique fabriqué avec divers éléments que l'on peut trouver dans une déchetterie.

LAMPION. – Mazette ! C'est quoi ce bordel ?

GIRAUD. – Ce n'est rien ! Je vous demanderai de me laisser maintenant.

LAMPION. – Eh bien dis donc ! Bravo les collègues ! Ça fait combien de temps qu'ils ne sont pas passés ? C'te bande de fainéants ! Ils vont vous débarrasser de toutes ces cochonneries. Je les appelle tout de suite.

GIRAUD. – Non ! Ce ne sont pas des cochonneries.

LAMPION. – Ah bon ?!... Lampion, t'es trop con ! C'est une sculpture ?

GIRAUD. – Voilà.

LAMPION, *perplexe*. – Art moderne, hein ? Ça fait dix ans que je fais dans la poubelle. J'en ai ramassé, des trucs ! Tenez ! Pas plus tard qu'hier, une carte du parti communiste ! Si c'est pas gâcher ! Moi, avec ça, je vous cale un meuble ! Bref, j'ai ramassé des trucs et des machins sans jamais réaliser qu'on pouvait en faire des pièces de musée. (*Regardant la chaise avec admiration.*) J'suis épaté... De campagne ! (*Il se marre.*)

GIRAUD, *modeste*. – C'est une œuvrette...

LAMPION. – Ah non ! Ne faites pas le modeste ! Docteur, vous êtes un véritable artiste. Vous vendez ?

GIRAUD. – Non.

LAMPION. – Je comprends, c'est sentimental.

GIRAUD. – Effectivement.

LAMPION. – Sinon, je connais quelqu'un qui pourrait vous en tirer un bon prix.

GIRAUD. – Je ne suis pas intéressé et je vous demanderai de ne surtout pas y toucher.

LAMPION. – C'est fragile ? Pas encore sec ?

GIRAUD. – Comme vous : démoulé trop chaud ! Écoutez, vous m'avez convaincu, je vais vous prendre ce calendrier. Et maintenant, je vous prierai de bien vouloir me laisser, je suis terriblement en retard.

LAMPION. – Je comprends... C'est gentil de votre part. Avec l'argent qu'on va récolter, on compte préparer une grande fête pour le Noël de nos gamins.

GIRAUD. – Ah ! Parce qu'en plus, vous vous reproduisez ?

LAMPION. – Tous les samedis !

Giraud lui donne une pièce de 1 euro.

GIRAUD. – Tenez. Joyeux Noël.

LAMPION. – Un euro ? À ce tarif-là, ça va être un chocolat chaud et une orange…

GIRAUD. – C'est très énergétique les oranges et le chocolat c'est plein de magnésium. C'est bon ça pour les enfants. Au revoir, monsieur Lampion. Bisou à Poupette !

LAMPION. – Ouais. Au revoir docteur radin.

Giraud met Lampion dehors. Dans la précipitation, ce dernier oublie son sac.

GIRAUD. – Crétin qui me fait perdre mon temps ! (*À propos de sa machine.*) J'espère au moins qu'il ne me l'a pas déréglée. (*Le téléphone sonne.*) Cabinet Giraud, j'écoute. (*En aparté.*) Oh non, la femelle maintenant. (*Au téléphone.*) Oui madame Lampione. Qu'est-ce que je peux faire pour vous ?… Poupette a perdu les eaux. Qu'est-ce que vous voulez que ça me foute ? Je ne suis pas vétérinaire… Ah ! Il vient de partir. Chez Denise, je crois… Ben oui, je sais bien. Ben oui… Voilà ! C'est ça. Au revoir ! (*Il lui raccroche au nez et se dirige vers la cage vide.*) Bon, il est où ce rat ? Sigmund junior ? Sigmund junior ?… Et où sont ces satanées lunettes !… Par la barbe de Sigmund ! Je n'ai plus le temps.

Giraud retire sa blouse, la pose sur la chaise et sort en grognant.

LAMPION, *en off.* – Lampion, t'es trop con ! (*Il entre à nouveau dans le cabinet.*) Docteur Giraud ! Excusez-moi de vous déranger à nouveau mais j'ai oublié mon sac… Docteur Giraud ?! Docteur ?...

Lampion trouve la blouse et les lunettes de Giraud. Il s'approprie le tout et imite le docteur. Eugénie de la… entre un dictaphone à la main.

EUGÉNIE, *au dictaphone.* – Mercredi 6 décembre. Cabinet du docteur Giraud Grégoire, dossier 1123 HBNX 39. À la ligne. Première constatation : le cabinet se trouve bien 89, boulevard du Général-Leclerc, en face d'une déchetterie. À la ligne.

LAMPION, *imitant Giraud.* – C'est très énergétique les oranges et le chocolat c'est plein de magnésium. C'est bon ça pour les enfants !… Radin !

EUGÉNIE. – Docteur Giraud ?

Lampion. – Oui… Non ! Enfin je veux dire, qu'est-ce que c'est ?

Eugénie. – Bonjour ! Je me suis permis d'entrer sans frapper, l'écriteau stipulant « Entrez sans frapper ».

Lampion. – Vous avez très bien fait, malheureusement le cabinet est fermé pour le moment. Cela dit, si vous avez besoin d'une consultation, je veux bien faire une exception.

Eugénie. – Je ne viens pas pour une consultation, je m'appelle Eugénie de la…

Lampion lui coupe la parole.

Lampion. – Fatiguée ! Vous m'avez l'air fatigué. Asseyez-vous, vous êtes si pâle.

Eugénie. – Je vous assure que je vais très bien.

Lampion. – On ne joue pas avec sa santé. Moi, je vous dis que vous semblez fiévreuse.

Eugénie. – Et moi, je vous dis que je vais très bien.

Lampion. – Écoutez madame...

Eugénie, *rectifiant*. – Mademoiselle.

Lampion. – Mademoiselle, vous n'allez pas m'apprendre mon métier.

Eugénie. – Il se trouve justement…

Lampion. – Déshabillez-vous !

Eugénie. – Je vous demande pardon ?

Lampion. – Il est de mon devoir de vous occulter.

Eugénie, *le corrigeant*. – Auscu !

LAMPION. – Pardon ?

EUGÉNIE. – Auscu, pas occu.

LAMPION. – Auscu pas au cul ?…

EUGÉNIE. – Oui. On dit : ausculter. Occulter, ça veut dire autre chose. Peu importe, là n'est pas le but de ma visite. Je n'ai aucun besoin d'une consultation.

LAMPION, *faussement inquiet*. – Pourtant, votre cas m'inquiète beaucoup. Déboutonnez votre chemise. (*Lampion ferme les rideaux de la fenêtre pour plus d'intimité.*)

EUGÉNIE. – Qu'est-ce que vous faites ?

LAMPION. – J'ausculte la pièce pour mieux vous examiner.

EUGÉNIE, *le corrigeant de nouveau*. – Occu !

LAMPION. – J'adorerais, croyez-le bien. (*Il lui tâte le sein droit.*) Est-ce qu'il vous arrive de tousser ?

EUGÉNIE. – Comme tout le monde… Docteur ! Excusez-moi d'insister, mais est-ce vraiment nécessaire ?

LAMPION. – Indispensable. J'effectue en ce moment un prémassage cardiaque… (*Il réalise qu'il ne tâte pas le bon côté et rectifie en pelotant le sein gauche.*) À gauche évidemment, et… Hum ! Je sens quelque chose d'anormal.

EUGÉNIE. – Qu'est-ce que c'est ?

LAMPION. – Difficile à dire.

EUGÉNIE. – Grave ?

LAMPION. – Tout porte à croire que vous avez le sein « drome ».

EUGÉNIE. – Quel syndrome ?

Lampion. – Le gauche surtout. (*Il lui pelote les deux seins.*) L'autre est nettement moins « drome ».

Eugénie. – Docteur Giraud, vous ne seriez pas en train de me raconter des histoires ?

Lampion stoppe son manège et prend place derrière le bureau de Giraud.

Lampion. – Je n'ai pas l'habitude de plaisanter avec mon métier. Ça fera 20 euros.

Eugénie. – Un instant.

Lampion, *en aparté*. – Lampion, t'es trop con ! Remarque, ça vaut le coup d'être toubib. 20 euros pour tâter du téton.

Eugénie. – Docteur, je suis envoyé par la Sécurité sociale.

Lampion. – La ?

Eugénie. – Sécurité sociale. Je suis chargée d'enquêter sur vous suite à de nombreuses plaintes de vos patients. Aussi, je n'accepterai aucune mauvaise plaisanterie de votre part.

Lampion. – Quelles plaisanteries ?

Eugénie. – Ne me prenez pas pour une imbécile, docteur. Vous n'ignorez pas que les inspecteurs de la Sécurité sociale sont avant tout des médecins et que l'on ne nous berne pas aussi facilement. Ce petit test m'a permis d'avoir les idées plus claires en ce qui vous concerne. Cela étant dit, pourriez-vous me sortir les dossiers de tous vos patients ainsi que la liste des médicaments et autres produits pharmaceutiques que vous prescrivez.

Lampion. – Tout de suite. Installez-vous confortablement, je vais vous les apporter.

Lampion sort.

EUGÉNIE, *au dictaphone.* – Comportement du docteur très suspect. Deux points, à la ligne. Consultation bâclée, abus de confiance, diagnostic totalement infondé… (*Tâtant son sein gauche avec anxiété.*) J'espère. (*À Lampion.*) Docteur Giraud ! Puis-je consulter vos dossiers s'il vous plaît ?

LAMPION, *en off.* – Tout de suite.

> *Eugénie s'assoit sur la machine.*

EUGÉNIE. – Curieux fauteuil ! A l'image du cabinet : sale, difforme, pas très rassurant.

LAMPION, *en off.* – Vous voulez boire quelque chose... Café, thé, cappuccino ?

EUGÉNIE. – Non merci ! Mes dossiers ? Vous les trouvez, docteur ?

LAMPION, *en off.* – Oui, j'avais la main dessus tout à l'heure. Sinon, j'ai les calendriers des éboueurs à vendre. Vous voulez y jeter un œil ? Cette année, ils posent en string.

EUGÉNIE. – Sans façon, merci.

> *Lampion réapparaît. Lebœuf entre en même temps, avec un grand sac.*

LEBŒUF. – Gérard ? Mais qu'est-ce que tu fais là ?

LAMPION. – Je suis venu vendre mes calendriers au docteur.

LEBŒUF, *s'apercevant que Lampion a endossé la blouse de Giraud.* – C'est au docteur, tout ça ! À quoi tu joues encore ?

LAMPION, *retirant sa blouse.* – Je t'expliquerai plus tard. Dis-moi, tu ne sais pas où le docteur range ses dossiers par hasard ?

Eugénie s'attarde sur la machine et tripote les boutons avec curiosité.

LEBŒUF. – Qu'est-ce que tu veux en faire ?

LAMPION. – C'est pour la dame…

LEBŒUF, *à Eugénie*. – Bonjour madame.

EUGÉNIE, *à Leboeuf*. – Madame.

LEBŒUF, *à Lampion*. – Qui est cette femme ? Pas une patiente, je les connais toutes.

Eugénie enclenche la machine et pousse un hurlement, tétanisée. Elle s'immobilise totalement. Paniqué, Lampion tente de quitter la pièce.

LAMPION, *effrayé*. – C'est pas moi ! Je ne la connais pas ! Je m'en vais.

Lebœuf lui barre la route.

LEBŒUF. – Ah non ! C'est trop facile !

La machine s'arrête. Eugénie reste immobile. Lebœuf et Lampion se regardent et crient tétanisés.

LEBŒUF et **LAMPION**. – Aaaaaah ! ! !

LEBŒUF. – Ça y est, c'est fini ?

LAMPION. – Je sais pas.

LEBŒUF. – Va voir.

LAMPION. – Pourquoi moi ? Vas-y toi, t'es plus proche.

Lebœuf fait un pas en arrière de telle sorte que Lampion se retrouve le plus proche.

LEBŒUF. – Allez !

LAMPION, *se dirigeant vers Eugénie*. – Mademoiselle Eugénie, vous m'entendez ?

LEBŒUF. – Elle ne bouge plus. Elle est morte ?

Lampion gifle Eugénie. Cette dernière se réveille dans la peau d'une gamine et lui rend sa claque.

LAMPION, *à Lebœuf en se tenant la joue*. – Apparemment, non.

EUGÉNIE, *à Lampion*. – Toi, t'es pas beau. (*À Lebœuf.*) Et toi, tu pues !

LAMPION. – Mademoiselle Eugénie, qu'est-ce qui vous arrive ?

EUGÉNIE. – J'ai envie de faire pipi.

LEBŒUF, *à Lampion*. – Tu as une explication ?

LAMPION. – Trop de bière ?

LEBŒUF. – Qu'il est con ! Je te parle de son état.

LAMPION. – C'est pas une sculpture. C'est une machine à remonter le temps.

EUGÉNIE. – Je fuis.

LEBŒUF. – Gérard, accompagne-la aux toilettes.

LAMPION. – Pourquoi moi ! Vas-y, toi. Je suis un homme, je ne sais pas ce qu'elle porte en dessous, je pourrais déraper.

LEBŒUF, *à Eugénie*. – Bon, venez avec moi. (*À Lampion.*) Toi, tu restes là ! On a à causer, tout les deux !

LAMPION. – Reviens vite ! Je ne suis pas très à l'aise avec ce truc à côté de moi. J'entends des bruits.

LEBŒUF. – Ne sois pas ridicule. Si le docteur venait à rentrer, tu ne lui dis pas ce qui s'est passé.

Lampion. – Compris.

Lebœuf. – Et ne touche plus à rien.

Lampion. – Compris.

Eugénie, *à Lebœuf.* – Vite ! Je trempe !

Lampion, *mécanique.* – Compris.

Lebœuf, *à Eugénie.* – Oui, on y va.

Eugénie, *à Lebœuf.* – Tu sais, mon pépé il a une ferme avec plein de poules. Eh bien parfois, il sent pas bon mon pépé. T'as des poules, toi.

Lebœuf, *désignant Lampion.* – Non, mais j'ai un âne…

Lebœuf et Eugénie sortent. Lampion se retrouve seul dans le cabinet. Il est effrayé par des petits bruits provenant de la machine. Il tombe sur le sac d'Eugénie et s'empare du dictaphone. Pour se changer les idées, il s'enregistre en train de chanter des chansons paillardes, faire des imitations et autres pitreries du genre. Lebœuf revient furieuse.

Lebœuf. – T'as encore bien choisi ton jour pour me causer des soucis. Le docteur va rentrer et ça va encore être ma fête.

Lampion. – C'est pas de ma faute.

Lebœuf. – C'est pas ma faute, c'est pas ma faute… C'est jamais de ta faute. Ça fait trente-cinq ans que c'est jamais de ta faute. Comment je vais lui expliquer ça, moi ? Et puis en plus, je n'ai pas d'autruche.

Lampion. – Je ne vois pas bien le rapport, mais si ça peut te faire plaisir, Poupette va accoucher.

LEBŒUF. – Arrête avec Poupette. Giraud veut une autruche ! Tu sais ce que c'est qu'une autruche ?... (*Elle pose son regard sur Lampion.*) Bouge pas. Je vais te donner l'occasion de te racheter.

LAMPION. – Me racheter ? J'ai pas les moyens !

LEBŒUF. – En attendant, tu vas m'enfiler ça !

Lebœuf lui lance le sac avec lequel elle est entrée.

LAMPION. – C'est quoi ?

LEBŒUF. – Tes excuses ! (*Elle tire son frère par la manche et le pousse vers les coulisses. Elle tombe sur les lunettes de Giraud et les cache dans la corbeille du bureau.*) Que dieu bénisse les presbytes ! Il n'y verra que du feu...

GIRAUD, *en off.* – Par la barbe de Sigmund !

LEBŒUF. – Et merde !...

GIRAUD, *en off.* – Lebœuf !

LEBŒUF. – Oui.

Giraud entre furieux, une seringue à la main.

GIRAUD. – Combien de fois faudra-t-il vous dire de jeter les seringues dans un sac. La décharge n'est pas une poubelle comme les autres.

LEBŒUF. – Mais ce n'est pas moi, docteur. Il y a un squatte à deux pas d'ici. Ce sont surement des jeunes désœuvrés.

GIRAUD. – Décidément, les jeunes d'aujourd'hui ne respectent plus rien. Ils font du bruit, saccagent la décharge. Résultat : pas un rat de disponible. Et puis, comme à mon habitude, j'ai égaré mes lunettes. J'ai encore embrassé un horodateur ! Pour mon cobaye, on en est où ?

Lebœuf. – Mission accomplie, docteur !

Giraud. – Vous m'épatez !

Lebœuf. – De foie ! (*Elle pouffe.*)

Giraud, *agacé.* – Où est-il ?

Lebœuf. – Ah ben il n'y en n'a pas ! C'est juste un jeu de mots… Il est à côté.

Giraud. – Ne perdons plus de temps.

Lebœuf. – Oui docteur !

Giraud, *pour lui, furieux.* – Pâté de foie !

Lebœuf, *inquiète.* – Quel objet comptez-vous utiliser pour l'expérience ?

Giraud. – Une poupée !

Eugénie, *en off.* – A y est ! J'ai fini !

Giraud, *à Lebœuf.* – Comment ?

Lebœuf. – Rien… Enfin, je veux dire, c'est dangereux comme expérience ?

Giraud. – Vous voulez que je sois franc ?

Lebœuf. – J'aimerais mieux, oui.

Giraud. – C'est absolument dangereux pas du tout.

Lebœuf, *contrariée.* – Ah ! Me voilà déjà plus rassurée…

    Lebœuf sort.

Giraud, *il tâte à nouveau ses poches.* – Mes lunettes, merde !

Giraud fouille le cabinet de fond en comble à la recherche de ses lunettes. Il ne voit pas revenir Lebœuf et Lampion, déguisé en autruche.

LAMPION, *cherchant à imiter le cri d'une autruche. –* Couacoclac !!!

LEBŒUF, *à voix basse. –* Qu'est-ce que tu fais ?

LAMPION, *à voix basse. –* Quoi ?! Je sais pas comment ça parle, moi, une autruche.

LEBŒUF, *à voix basse. –* Fais glouglou.

LAMPION, *amusé. –* Oh ! Je peux pas faire cot-cot ?

LEBŒUF, *autoritaire. –* Glouglou.

LAMPION. – Cot-cot c'est plus crédible.

LEBŒUF. – T'as fini, oui ?

Lebœuf et Lampion entrent complétement dans la pièce.

LAMPION, *à Giraud. –* Glouglou !!!

Giraud manque de s'étrangler en découvrant Lampion dans son accoutrement.

GIRAUD. – Qu'est-ce que c'est que ça ?!!

LEBŒUF. – Votre autruche.

LAMPION. – Glouglou !

GIRAUD. – Voyez-vous ça !

LEBŒUF. – Ah ! Ce n'est pas l'autruche de monsieur tout le monde.

GIRAUD. – Je vous le confirme.

LEBŒUF. – Faut la voir chez soi. Et puis, le jaune, ça va avec tout.

GIRAUD. – C'est bien connu. (*Ironique.*) Je n'avais jamais vu d'autruche avec des baskets. Vous l'avez trouvée où ? Au rayon des volailles chez Décathlon ?

LEBŒUF. – Non. Par l'intermédiaire d'un ami qui travaille avec un cirque. C'est une autruche du Pérou.

GIRAUD. – Je ne savais pas qu'il y avait des autruches au Pérou.

LEBŒUF. – Les Péruviens non plus ! On y va ?

GIRAUD. – Un instant. (*Il s'avance vers Lampion et lui retire son masque.*) Encore vous.

LAMPION. – Glouglou !

LEBŒUF. – Je suis vraiment navrée, docteur. Si je peux faire quelque chose…

GIRAUD. – Lebœuf ! (*Geste de ciseaux.*) Les trompes !

LEBŒUF, *abattue*. – Je vais prendre rendez-vous !

LAMPION, *à Lebœuf*. – Je te l'avais bien dit… J'aurais dû faire cot-cot !

Giraud, dépité, jette un regard noir à Lampion et se montre soudain beaucoup plus sympathique à son égard. Il tourne autour de lui, prend des mesures, fait des calculs et des allers retours entre le bureau, la machine et Lampion en faisant des borborygmes.

GIRAUD. – Hum ! Hum !… Ah ! Ah !… Hum ! Hum !

LAMPION. – Qu'est-ce qu'il fait ?

LEBŒUF. – Il cogite.

Lampion. – C'est bon signe ou pas ?

Lebœuf. – Tant qu'il ne se frappe pas le front, t'as pas à t'inquiéter. (*Giraud s'arrête net et se tape la main sur le front.*) Tu peux t'inquiéter.

Giraud. – Mon petit Lampion, vous êtes un aventurier, vous !

Lampion. – Moi ? Non.

Giraud. – Si ! Si ! Ne dîtes pas le contraire. Vous êtes la fierté de votre famille, ça se voit tout de suite. Vous savez, Lebœuf m'a souvent conté vos péripéties et je ne me lasse pas de les entendre.

Lampion. – C'est vrai ? Elle vous a déjà raconté…

Giraud. – Oui. Aussi, auriez-vous l'amabilité de prendre place sur cette… sculpture ?

Lampion jette un regard inquiet à sa sœur, pas chaud du tout.

Eugénie, *en off.* – J'ai fini !

Giraud. – Comment ?

Lebœuf, *très mal.* – Rien… Enfin je disais juste que j'avais fini.

Giraud. – Vous avez fini quoi ?

Lebœuf. – Eh bien, euh… J'ai fini… par comprendre ce que vous vouliez faire. Ah ! C'est terriblement excitant ! (*À Lampion.*) Bon, Gérard, fais ce que te demande le docteur.

Lampion. – Mais…

Lebœuf, *à Lampion, à mi-voix.* – Un mot, un seul et je te laisse t'expliquer sur la présence de cette pauvre Eugénie !

Lampion. – Qu'est-ce que tu veux qu'y me fasse ?

Lebœuf. – Tu sais ce que ça veut dire « empailler » ?

LAMPION, *remettant son masque d'autruche. –* Glouglou!!!

Lampion n'insiste pas et s'assoit.

LEBŒUF. – On est prêt!

GIRAUD. – Parfait! Allez-y!

LEBŒUF. – Début de l'expérience dans trois…

LAMPION. – Glouglou.

LEBŒUF. – Deux virgule neuf…

LAMPION. – Glouglou.

LEBŒUF. – Deux virgule huit…

GIRAUD, *fou d'impatience. –* Zéro! (*Giraud actionne la machine mais rien ne se passe.*) Qu'est-ce qui se passe? Aucun flux ne circule.

LEBŒUF, *à mi-voix. –* Gégé, tu as bobo?

LAMPION, *faisant non de la tête. –* Glouglou.

GIRAUD. – La poupée est complétement vide. Lebœuf, avez-vous utilisé la machine durant mon absence?

LEBŒUF. – Moi! Je ne me serais pas permise.

EUGÉNIE, *en off. –* Oh! Oh!

GIRAUD. – Comment?

LEBŒUF, *faussement contrariée. –* Oh! Oh! C'est contrariant.

GIRAUD. – Si ça se trouve, cette poupée n'a eu aucun lien affectif.

LEBŒUF, *faussement concernée. –* C'est sûrement ça.

GIRAUD. – Elle est peut-être directement sortie d'usine pour atterrir dans la décharge. Ça expliquerait tout. Quel gâchis !

LEBŒUF, *toujours aussi fausse*. – Oh, zut !

Lampion soulève son masque pour parler à sa sœur.

LAMPION. – Je peux partir ?

LEBŒUF. – Non.

LAMPION. – Y'a Poupette qui m'attend !

LEBŒUF. – Ah, ne recommence pas !

Giraud se frappe à nouveau le front.

LAMPION, *très inquiet*. – Il s'est encore frappé le front, il s'est encore frappé le front…

Lebœuf lui enfonce le masque sur la tête à l'envers pour le faire taire.

GIRAUD. – Lebœuf, passez-moi la chaussure que vous avez expertisée ce matin.

LEBŒUF. – Celle du comédien ? Non. Je me la réservais.

GIRAUD. – Passez-moi cette chaussure.

LEBŒUF. – Non.

GIRAUD. – Bien ! Monsieur Lampion… (*Lui faisant signe de se lever.*)

LAMPION, *se levant*. – Volontiers !

LEBŒUF, *à Lampion en le rasseyant*. – Toi, tu ne bouges pas !

Elle va chercher la chaussure et la donne au docteur qui la place dans la corbeille de la machine.

GIRAUD. – Merci... (*À Lampion.*) Monsieur Lampion? Quelque chose à rajouter?

LAMPION, *cherchant à retarder l'inévitable.* – Je suppose qu'il est trop tard pour le verre de rhum et la dernière cigarette?

EUGÉNIE, *en off.* – Eh!

GIRAUD. – Comment?

LEBŒUF. – Eh! Y'a plus qu'à recommencer! (*Paniqué, Lebœuf déclenche la machine. Lampion se fait irradier.*) Il fait une drôle de tête.

GIRAUD. – Pas pire que d'habitude.

LEBŒUF, *inquiète.* – Docteur!

GIRAUD. – C'est le premier stade. Il quitte progressivement son état de conscience pour entrer dans une pré-conscience où son cerveau va canaliser petit à petit l'esprit qui hante cette chaussure. Et c'est dans la peau de son propriétaire qu'il devrait nous revenir.

La machine s'arrête. Lampion reste immobile.

LEBŒUF. – C'est terminé?

GIRAUD. – Oui. (*À Lampion.*) Monsieur Lampion?

Tous les deux s'approchent doucement de Lampion qui ne réagit pas.

LEBŒUF. – Il bouge plus. (*Un temps.*) Il parle plus.

GIRAUD, *satisfait.* – Ah! Première bonne nouvelle.

LEBŒUF. – Je ne plaisante plus docteur.

GIRAUD, *pris de doutes.* – J'ai peut-être un peu trop forcé la dose.

LEBŒUF. – Il est bien temps de s'en rendre compte. (*Inquiète, à Lampion.*) Gérard, comment tu te sens ?

LAMPION. – Prenez garde, ma mie ! Et craignez mon courroux !
Tout Mexicain banni, chante Couroucoucou !
Sur vos épaules frêles, ma lame s'est posée.
Telle une pluie de grêle, un cheveu mort, brisé.
Argh ! (*Il pose un genou à terre.*)

GIRAUD. – Fantastique ! Ça dépasse mes espérances ! À moi les connaissances de Freud, à moi son génie, à moi le congrès ! Oh ! Faut que je me laisse pousser la barbe.

LEBŒUF. – Ne vous emballez pas trop vite, il faut d'abord vérifier qu'il n'y ait pas d'effets secondaires.

GIRAUD. – Vous avez raison. Occupez-vous en.

Giraud sort. Lebœuf se penche sur Lampion.

LEBŒUF. – Gérard ?!

LAMPION, *outré*. – Henry Delcrière ! Sociétaire de la Comédie-Française ! Madame, je suis en pleine répétition. Aussi, pardonnez-moi cette expression quelque peu cavalière mais, vous m'emmerdez !

LEBŒUF. – Mais enfin…

Lampion reprend la pause et réattaque sa tirade comme s'il était en représentation.

LAMPION. – Lève-toi, belle aurore et tue la lune jalouse !
La rosée vaut de l'or, elle chatouille ta pelouse.
Et voilà, ô madame, l'écuyer au galop !
Il trébuche, ce quidam. On dirait qu'il est sot !
LEBŒUF. – Il est bien atteint quand même. (*À Giraud.*) J'espère que vous savez ce que vous faites, docteur.

Giraud traverse la scène en jubilant. Il porte une fausse barbe en se prenant pour Freud.

GIRAUD. – Mais oui, mais oui. Je suis génial ! Génial !

LAMPION. – Morbleu ! J'accroche encore sur certaines syllabes. Donnez-moi un stylo !

LEBŒUF, *entrant dans son jeu.* – Monsieur Delcrière, vous êtes entre les mains de la médecine du travail. La représentation de votre pièce n'aura pas lieu si vous ne me laissez pas vous ausculter. C'est la loi.

Lebœuf lui tend un stylo qu'il met illico entre ses dents.

LAMPION, *incompréhensible.* – Vous avez demandé l'autorisation à mon agent ?

LEBŒUF. – Comment ?

LAMPION, *retirant le stylo de sa bouche.* – Vous avez demandé l'autorisation à mon agent ?

LEBŒUF. – Oui, oui… Allez, suivez-moi !

LAMPION. – Nous sortons ? Merveilleux ! Je veux une terrasse de café. J'y observe souvent mes contemporains. Vous savez – non, vous ne savez pas – mais il n'est pas meilleur exercice pour un comédien ! Quel temps il est ?

LEBŒUF, *pour elle.* – Mon dieu, qu'est-ce que j'ai fait ?

Lebœuf et Lampion sortent. Giraud revient dans la pièce avec le livre de Freud. Il jubile.

GIRAUD. – Enfin ! Je tiens ma revanche. Ces imbéciles de l'Académie vont en être vert de rage. Docteur Freud, c'est à nous de jouer.

Eugénie entre, sa jupe encore baissée. Elle passe dans le dos de Giraud qui ne la voit pas. Elle traverse la scène puis revient.

EUGÉNIE. – J'ai fini de faire pipi et personne n'est venu me chercher. Je me suis débrouillée toute seule comme une grande.

GIRAUD. – Qu'est-ce que cela signifie ?

EUGÉNIE. – Vous êtes tous méchants !

GIRAUD. – Je peux savoir qui vous êtes ?

EUGÉNIE. – Je le sais mais je ne te le dirai pas.

GIRAUD. – Lebœuf !

LEBŒUF, *en off.* – Oui ? (*Elle entre. En apercevant Eugénie, elle pâlit.*) Oh ! Merde !

GIRAUD. – Je pourrais avoir une explication ?

Lebœuf remonte la jupe d'Eugénie.

LEBŒUF. – Je ne sais pas si ça va vous faire plaisir.

GIRAUD. – Je vous écoute.

LEBŒUF. – Vous allez rire… ou peut-être pas. En fait, je ne sais pas grand-chose sinon qu'elle s'appelle Eugénie… Je sais pas quoi, et qu'elle travaille comme euh… Je ne sais pas quoi ! Toujours est-il que quand je suis rentrée tout à l'heure, Gérard était là et… Elle s'est fait irradier.

GIRAUD. – Quoi ? Vous plaisantez j'espère !

LEBŒUF. – Non.

EUGÉNIE. – Moi, j'aime bien les poules parce que quand tu leur tires la queue, elles gloussent. (*Elle tire sur la fausse barbe de Giraud.*)

LEBŒUF. – Eugénie, ne touche à rien !

EUGÉNIE. – C'est mon pépé qui me l'a dit.

GIRAUD. – Ça expliquerait pourquoi la poupée n'a eu aucun effet tout à l'heure. Son esprit est déjà ancré dans cette femme. Et oui, derrière son côté froid, plastique, inutile, se cachait une petite fille fragile, délicate… (*Eugénie lui donne un coup.*) Et peste !

Eugénie attrape le livre de Freud.

LEBŒUF. – Eugénie, ne touche à rien !

GIRAUD. – Le livre de Freud ! Non ! Allez le récupérer, elle va me le dérégler.

LEBŒUF. – Non Eugénie, il ne faut pas écrire sur le livre du docteur. C'est pas bien. Eugénie, rends-moi ce bouquin.

EUGÉNIE. – Non, t'as pas dit s'il te plaît.

Eugénie recommence à dessiner sur le bouquin.

LEBŒUF et **GIRAUD.** – Non !!!

LEBŒUF. – S'il te plaît, veux-tu bien me rendre ce livre ? Allez, rends-le, rends-le…

GIRAUD, *excédé.* – Rends-le !!!

EUGÉNIE. – Mais je voulais faire un dessin dessus.

Eugénie pointe simplement son stylo sur le bouquin.

LEBŒUF et **GIRAUD.** – Non !!!

LEBŒUF. – Donne-moi ce livre et je te donnerai du papier avec plein de jolis crayons, d'accord !

EUGÉNIE. – Non, c'est celui-là que je voulais.

LEBŒUF. – Mais c'est le livre du docteur.

Eugénie s'en moque et dessine sur le bouquin.

LEBŒUF et **GIRAUD**. – Non !!!

LEBŒUF, *apercevant un calendrier sur le bureau.* – Oh ! Regarde le joli calendrier.

EUGÉNIE. – Oh ! Des poules !

LEBŒUF. – Oui des poules, des cocottes, des canards… Tout un bataillon de grippes aviaires.

Lebœuf rend délicatement son livre au docteur.

GIRAUD. – Maintenant laissez-nous. J'ai quelques questions à poser à notre amie.

LEBŒUF. – Je vais veiller Gérard.

GIRAUD. – Enfermez-le, qu'il nous foute la paix ! Et revenez ici avec un balai ! Ce cabinet est un véritable foutoir !

Lebœuf sort. Giraud en profite pour cacher le livre de Freud sous la machine.

EUGÉNIE. – Tu sais mon pépé, il a une ferme avec plein de poules. Eh ben, un jour, y'a un renard qui est rentré dans la ferme. Heureusement, Fusil était là. Fusil, c'est le chien de mon pépé. Il bave un peu mais il est gentil.

GIRAUD. – Eugénie…

EUGÉNIE. – Un jour, il a mangé une grenouille.

GIRAUD. – Eugénie…

EUGÉNIE. – Mon pépé aussi, il en mange. Mais lui, c'est que les cuisses. T'as déjà goûté des escargots ?

GIRAUD. – Eugénie…

EUGÉNIE. – Moi, une fois, j'ai mangé un crabe.

GIRAUD, *perdant patience.* – Eugénie !!!… (*Il se calme.*) Ma petite Eugénie. Oh, mais tu nous fais un joli dessin.

EUGÉNIE. – Oui, c'est un dessin pour mon chef.

GIRAUD. – Ton chef ! Et c'est qui ton chef ?

EUGÉNIE. – Devine.

GIRAUD. – Un journaliste ?

EUGÉNIE. – Non.

GIRAUD. – Un médecin ?

EUGÉNIE. – Non.

GIRAUD. – Un avocat ?

EUGÉNIE. – Non.

GIRAUD. – La police ?

EUGÉNIE. – Perdu !

Lebœuf revient et se mêle de la conversation.

LEBŒUF. – Je peux essayer moi aussi, ça a l'air très amusant.

GIRAUD. – Lebœuf ! (*À Eugénie.*) C'est pour ton petit copain ?

Lebœuf nettoie le cabinet et jette divers objets dans la corbeille de la machine qu'elle prend pour une simple poubelle.

EUGÉNIE. – N'importe quoi ! Didier c'est pas mon petit copain. C'est le monsieur qui me donne plein de sous quand je fais bien mon travail.

LEBŒUF. – Un proxénète ?

EUGÉNIE. – Propre c'est net !

GIRAUD. – Qu'est-ce que tu fais comme travail ?

EUGÉNIE. – Devine.

LEBŒUF, *en aparté.* – C'est une pute ?

GIRAUD. – Oh non, tu ne vas pas recommencer !

EUGÉNIE. – T'es pas rigolo… T'as des poules, toi ?

GIRAUD. – Je te propose plutôt un autre jeu. Je te donne un mot et tu me réponds par un autre mot, celui qui te passe par la tête, d'accord ?

EUGÉNIE. – Euh ! J'ai pas tout compris.

GIRAUD. – Par exemple, si je te dis « calendrier », tu me réponds…

EUGÉNIE. – Des poules.

GIRAUD. – Bien… Maintenant, si je te dis « dénonciation » ?

EUGÉNIE. – Euh !… Des poules !

GIRAUD. – Docteur ?

EUGÉNIE. – Des poules.

GIRAUD. – Enquête ?

EUGÉNIE. – Des poules.

GIRAUD. – Ok ! On va changer les règles. Donc pareil, tu as le droit de dire tous les mots que tu veux sauf « poule », d'accord ?

EUGÉNIE. – Là ça devient hyper difficile.

GIRAUD. – Mais non, regarde ! Si je te dis « dessin ».

EUGÉNIE. – Didier.

GIRAUD. – Bien, on continue.

LEBŒUF. – Moi, j'aurais dit Gérard. C'est vrai, il adore…

GIRAUD. – Lebœuf ! (*Geste de ciseaux.*)

LEBŒUF, *abattue.* – Je vais les rappeler. (*Elle continue son ménage, jetant notamment la seringue ramenée par Giraud.*)

GIRAUD. – Je continue. Si je te dis « dictaphone » ?

EUGÉNIE. – Enquête.

LEBŒUF. – Columbo.

GIRAUD. – Plaintes ?

EUGÉNIE. – Témoins.

LEBŒUF. – Travaux.

GIRAUD. – Docteur ?

EUGÉNIE. – Suspect.

LEBŒUF. – Radin.

GIRAUD, *à Lebœuf.* – Patron ?

LEBŒUF. – Radin.

EUGÉNIE. – Sécurité sociale.

GIRAUD, *réalisant qui est vraiment Eugénie.* – Merde !

EUGÉNIE, *poursuivant le jeu.* – Gros mot.

GIRAUD. – Lebœuf !!!

EUGÉNIE. – Bête à foin !

GIRAUD. – C'est bien Eugénie, tu peux finir ton dessin.

EUGÉNIE. – Propre c'est net !

GIRAUD. – Vous ne m'aviez pas parlé d'une visite de la Sécurité sociale, hier.

LEBŒUF. – Si, après le rendez-vous de madame Courtier. Suite aux nombreuses plaintes que nous avions reçues, nous devions avoir la visite d'un inspecteur.

GIRAUD, *désignant Eugénie.* – Le voilà, votre inspecteur !

LEBŒUF. – Non !

GIRAUD. – Si !

EUGÉNIE. – Eh ! Bête à foin ! (*Elle se lève et se dirige vers la machine.*)

GIRAUD. – Laissez-moi réfléchir. Si son enquête aboutit, je peux dire adieu au congrès. Alors écoutez-moi bien. Vous allez enfermer Eugénie dans la remise. Après tout, on n'a jamais trop de cobayes femelles. Et si quelqu'un vous interroge à son sujet, elle n'est jamais venue ici.

LEBŒUF. – Oui.

GIRAUD. – Jamais.

LEBŒUF. – Non.

Eugénie appuie sur un bouton de la machine et l'enclenche.

Eugénie. – Oups ! (*Effrayée, elle sort.*)

Giraud. – Qu'est-ce qui se passe encore ?

Lebœuf. – Elle a déclenché la machine.

Giraud. – Ne vous inquiétez pas, elle est inoffensive quand le réservoir est vide.

Lebœuf. – Tout va bien alors ? Enfin… Quand vous dîtes « réservoir », vous pensez à quoi exactement ?

Giraud. – La grande corbeille située à l'arrière de la machine.

Lebœuf. – Vous voulez dire que ce n'est pas une poubelle ordinaire.

Giraud. – Pourquoi ? Vous avez mis quelque chose dedans ?

Lebœuf. – L'intégralité de mes déchets.

Giraud. – Par la barbe de Sigmund ! Vous n'avez pas fait ça ?

Lebœuf. – Si personne n'est branché ça ne peut pas nous atteindre, n'est-ce pas ?

Giraud. – Au contraire ! On risque tous d'être irradiés !

Lebœuf. – Vous plaisantez ? Faites quelque chose !

Giraud. – Je ne peux plus l'arrêter… Je sais. Ma chère Solange, allez vous installer sur la machine.

Lebœuf. – Après ce que vous m'avez dit, vous pouvez vous asseoir dessus, tiens ! Moi je m'en vais. (*Elle attrape son manteau et se dirige vers la sortie.*)

Giraud. – Revenez ici tout de suite !

LAMPION, *entrant en bloquant la sortie de Lebœuf.* – Ah ! Très chère, vous tombez bien. J'aurais deux mots à vous dire au sujet de mon costume.

LEBŒUF. – Pousse-toi Caliméro ! (*Elle le pousse dehors.*)

La machine se déclenche. Giraud et Lebœuf se font irradier. La machine s'arrête. Ils s'immobilisent comme des statues. Eugénie réapparaît.

EUGÉNIE. – Madame ?! Monsieur ?! Eh oh ?! J'ai pas fait exprès.

Elle sort effrayée.

NOIR

ACTE II

Lampion entre, furieux et sonné. Giraud et Lebœuf sont toujours statufiés.

LAMPION. – C'est un scandale ! I never been traité de la sorte. Pas même au Châtelet, où pourtant le public n'était pas facile, et bien jamais on ne se serait permis de me bousculer lors d'une de mes apparitions. (*Il tombe sur son image dans le miroir.*) Bonjour Monsieur. (*À Lebœuf.*) Vous ne dites rien ? Évidemment, vous avez trop honte. Je serais vous, je poserais un genou à terre et je ferais de plates excuses en me suppliant de vous pardonner. Vous m'entendez ? Ne faites pas la sourde oreille, ça ne marche pas avec moi… Vous savez, je connais très bien le ministre de la culture et son amant pour qui j'ai eu le bonheur de jouer Molière à domicile, l'année dernière. Un couple charmant qui ne connaît rien au théâtre certes, mais qui a le don de vous faire croire que ça les intéresse. Eh bien vous pouvez être sûre que je lui parlerai de vous et de votre façon de me recevoir. Croyez-moi, ce ne sera pas très élogieux… Alors, d'accord, vous allez me dire, ce n'est qu'un accident. Eh bien dans ce cas, faisons un constat ! (*Le téléphone sonne. Lampion décroche.*) Allô ! Ah, vous tombez bien. Un scandale cher monsieur, un véritable scandale. Pardon ?… Vous n'avez pas de tournevis cruciforme ? (*Un temps.*) Qu'est-ce que vous voulez que ça me fasse ? (*Un temps.*) Vous ne comprenez donc rien ? C'est moi la victime. J'ai été molesté. Pire ! On m'a bousculé lors du premier acte ! (*Un temps.*) C'est un scandale ! I never been traité de la sorte. Même à [nom de la ville ou du théâtre] où pourtant le public... Allô ? Mais il a raccroché le malotrou… tru ! Qu'est-ce que j'en ai a foutre de sa fausse jambe ! (*À Lebœuf et Giraud.*) Et vous !

Lampion sort. Lebœuf se réveille. Elle tient toujours son manteau à la main.

LEBŒUF. – Qu'est-ce qui s'est passé ? Docteur ?! Docteur Giraud ? Vous vous rendez compte de ce qui vient de se passer ici ?

Giraud se réveille dans la peau d'un jeune drogué. Il tient dans sa main la seringue qu'il a ramené de la déchetterie.

GIRAUD. – Ouais, trop cool !

LEBŒUF. – Docteur, vous vous sentez bien ?

GIRAUD. – Putain, comment t'es trop speed…

LEBŒUF. – Qu'est-ce qui vous arrive ?… C'est la première fois que je vous vois dans cet état.

GIRAUD. – Délire…

LEBŒUF. – J'ai compris.

GIRAUD. – J'ai encore trop fumé, moi…

LEBŒUF. – Docteur, qu'avez-vous utilisé pour faire votre dernière expérience ?

GIRAUD. – De la super beuh ! Ça m'a explosé la tête…

LEBŒUF. – Il est complétement stone. Et moi ?... Comment se fait-il que je n'aie aucune séquelle ? J'ai pourtant bien été irradiée moi aussi.

GIRAUD. – Ouais, c'est normal que ça t'irradie la tronche, c'est de la colombienne… Elle est trop, elle !

LEBŒUF. – La réponse devrait se trouver dans la machine.

GIRAUD. – Eh ! Cousine ! T'as de la morphine ?

Lebœuf pose son manteau et va jeter un œil dans le réservoir de la machine.

LEBŒUF. – Mon Dieu quel bazar ! Impossible de savoir quel objet l'a transformé.

GIRAUD. – La pharmacie.

Giraud se dirige vers le bureau et ouvre la boîte à pharmacie.

LEBŒUF. – Et j'y pense, le bouquin ! Est-ce qu'il l'a utilisé ? Si j'arrivais à mettre la main dessus, je pourrais peut-être l'utiliser pour mon propre compte. Et là, à moi le congrès ! À moi le succès !

Giraud fouille dans la boîte à pharmacie et en sort différents éléments.

GIRAUD. – Biafine… Eosine… Purée Mousseline ?!

LEBŒUF. – Cher docteur, cela fait des années que je vous supporte mais aujourd'hui, ça va changer. La question est de savoir combien de temps il va rester comme ça.

GIRAUD. – Eh ! Machine ! T'aimes les champignons ? On va se faire une omelette, ça va nous exploser la soupape…

LEBŒUF. – Docteur Giraud ! Vu l'incident qui vient de se produire, j'espère que vous avez pris soin de mettre votre bouquin à l'abri.

GIRAUD. – Mon bouquin ? J'ai un bouquin, moi ? C'est cool ! Arrache les feuilles, on va s'en rouler un…

Lebœuf. – Docteur Giraud ! Le livre de Freud. Vous vous souvenez de l'endroit où vous l'avez caché ?

Giraud. – Évidemment que… non !

Lebœuf. – Peut-être dans votre bureau ou alors dans le coffre.

Giraud. – Je sais pas, moi ! Tu me stresses, cousine !

Lebœuf. – Allons, faites un effort. En vous concentrant quelques instants, je suis sûr que vous allez vous en souvenir.

Giraud. – Ah bon ?! Je peux essayer.

Lebœuf. – S'il vous plaît.

Giraud. – Je me concentre.

Lebœuf. – Alors ?

Giraud. – Je me concentre.

Lebœuf. – On ne va pas y passer la journée non plus.

Giraud. – Chut ! Je me concentre.

Lebœuf. – Tant pis, je me débrouillerai toute seule.

Giraud. – Ça y est, je sais. Le livre que tu recherches…

Lebœuf. – Oui.

Giraud. – … est caché.

Lebœuf. – Ça je le sais, mais où bon Dieu !

Giraud. – Je sais pas !

Lebœuf. – C'est désespérant !

Giraud. – Ah si ! Il est dans le tiroir du bureau.

Lebœuf. – Vous en êtes sûr ?

GIRAUD. – Sur quoi ?

Lebœuf se dirige vers le bureau. Elle attrape le livre et prend soudain la personnalité d'une bibliothécaire.

LEBŒUF. – Je le dis et je le répète. Les livres de la bibliothèque sont à rendre à la bibliothèque à dix-sept heures zéro trois. Horloge de la bibliothèque. (*Elle lâche le livre.*) Qui c'est qui a dit ça ? Docteur, ce n'est pas le livre de Freud ! C'est un bouquin sur les macaques.

GIRAUD. – Je me serais trompé. Je me reconcentre…

LEBŒUF. – Laissez tomber !

Lebœuf sort rapidement et bouscule Lampion qui rentre.

LAMPION. – Aïlleueueueue !!! Ah, non, ça ne va pas recommencer ! C'est scandaleux ! Je vais me plaindre à mon agent.

Lampion se dirige vers le bureau et téléphone.

GIRAUD. – Ça y est, j'me souviens. Le livre de Freud est caché sous la machine.

LAMPION, *avec dédain.* – C'est bien, comme ça, on sait où il est. (*En aparté.*) Le pauvre homme est complétement sénile… Bon, c'est occupé, je rappellerai. (*Le téléphone sonne, sitôt raccroché. Il décroche persuadé qu'il s'agit de son agent.*) Allô Charly ?!… Encore vous… Vous avez trouvé un tournevis coudé. Eh bien, vissez mon vieux. Vissez ! (*Lampion raccroche aussi sec.*) Les gens sont fous. (*Le téléphone sonne à nouveau. Même jeu.*) Allô Charly ?!… Oui, il est là. (*Regardant Giraud.*) Physiquement en tout cas… Ne quittez pas ! (*À Giraud.*) C'est pour vous. (*Lampion tend le combiné à Giraud qui ne bronche pas.*) Quand vous voulez. (*Giraud ne bouge toujours pas.*) Vous ne voulez pas, là ?

(*Au téléphone.*) Apparemment, il ne veut pas… D'accord ! C'est noté. (*Il raccroche.*) Votre femme Pamela débarque !... Il s'en fout.

Eugénie entre.

Eugénie, *à la porte.* – Y'a quelqu'un ?

Lampion, *pédant.* – Quelle question ! Y'a moi !

Eugénie, *voyant Lampion dans son costume.* – Oh ! Saturnin !

Lampion. – Henry Delcrière ! Sociétaire de la Comédie-Française !

Eugénie. – Ils sont morts ?

Lampion. – Qui donc, mademoiselle ?

Eugénie. – Les « monsieur ».

Lampion. – Voyons, il n'y a pas de mort ici. Entre, tu verras bien.

Eugénie. – C'est pas de ma faute s'ils ont été « électro-truqués ».

Lampion. – Ravissante enfant. Je ne comprends rien. Allez, viens t'asseoir.

Eugénie. – Toi, t'es gentil, Titi.

Lampion. – Henry Delcrière. Sociétaire de la Comédie-Française. Dis-moi, il y a des gens qui t'ont fait du mal ?

Eugénie. – Oui.

Lampion. – Qui ça ?

Eugénie, *montrant Giraud.* – Lui. Il n'arrête pas de me gronder.

LAMPION. – Eh bien alors mon vieux, on effraye les petites filles ? Un vilain geste, un seul et je te pourfends ! (*Il mime un combat d'épée.*) Pan ! Tu es mort.

GIRAUD. – Délire !

Giraud se dirige vers la corbeille de la machine.

LAMPION. – Ne t'inquiète pas, ce manant ne te fera plus de mal.

GIRAUD, *à Lampion*. – Eh cousin ! Tu veux un joint ?

LAMPION. – Sans façon.

Giraud sort un micro de la corbeille, s'immobilise et devient animateur de supermarché.

GIRAUD. – Les Galeries Tower, les tours du bonheur ! Alors aujourd'hui nous vous proposons une promotion exceptionnelle sur les bacs à fleurs. Une tulipe, une rose, c'est le moment de faire une pause.

LAMPION. – Mais qu'est-ce qu'il raconte ?

EUGÉNIE, *à Lampion*. – Calme-toi, Donald !

LAMPION, *furieux*. – Henry Delcrière ! Sociétaire de la Comédie-Française !

Lampion retire son costume. Giraud se ballade dans le cabinet comme un animateur de grande surface.

GIRAUD. – Amis sportifs, vous n'aimez pas les endives. Qu'importe ! Après l'effort, le réconfort, rendez-vous tous chez Brico-Sport !

LAMPION, *le costume retiré*. – Là ! Vous me reconnaissez ?

EUGÉNIE, *découvrant la tenue de l'éboueur*. – Bob l'éponge.

LAMPION, *dépité*. – Vous commencez sérieusement à me briser les noix.

GIRAUD. – Une envie de noix ? Direction Castor-Benoît !

EUGÉNIE, *imitant Giraud*. – Castor-Benoît !

GIRAUD. – C'est tellement plus sympa.

EUGÉNIE. – Plus sympa !

GIRAUD, *s'adressant à Lampion*. – Monsieur !?

EUGÉNIE. – Monsieur !?

LAMPION. – Qu'est-ce que c'est que cette maison de fous ?

Lampion, excédé, quitte la pièce. Giraud et Eugénie le suivent.

GIRAUD. – Savez-vous que jusqu'au 31 décembre, Castor-Benoît vous propose son kit casse-noisettes ?

EUGÉNIE. – Noisettes !

GIRAUD. – Monsieur ?...

LAMPION. – Ah ! Foutez-moi la paix !

Lebœuf entre.

LEBŒUF. – Mais où est ce livre, bon sang !? Le bureau ? Non, j'ai déjà vérifié. La machine ? Je ne l'aurais quand même pas balancé dans la corbeille ? (*Dans la corbeille, elle prend un livre de géographie et devient intellectuelle.*) Vaduz est la capitale du Liechtenstein. (*Surprise.*) Pourquoi je dis ça ? (*Elle prend un fouet de cuisine et devient un cuisinier.*) Où est la caméra ?... Comment préparer un poulet basquaise ? C'est très simple. Dans une cocotte, faîtes revenir des oignons, de l'ail et des poivrons. Rajoutez des tomates. Salez, poivrez, laissez mijoter. Caméra deux. Dans une sauteuse, déposez vos morceaux de poulet. Salez, poivrez, laissez dorer. Caméra trois. Ajoutez le tout à vos légumes. Le bouquet garni, le vin blanc et c'est parti pour 35 minutes.

Elle pose le fouet. Giraud traverse la pièce, le micro à la main.

GIRAUD. – La petite Peggy attend sa mamie au rayon charcuterie. La petite Peggy, merci.

LEBŒUF. – C'est extraordinaire ! Il semblerait qu'à chaque fois que je touche un objet, je m'empare instantanément d'un nouveau comportement, comme si j'avais en moi le pouvoir de la machine. C'est génial ! Pas très pratique, mais génial ! Essayons un autre objet ! (*Elle regarde le ciel et se signe.*) Par pitié, pas de godemiché…

Elle prend un sac à main et se transforme.

LAMPION, *à Eugénie des coulisses*. – Mais vous allez me lâcher, oui ? Comment je dois vous le dire ?… Paparazzo ! (*Il entre et aperçoit avec soulagement Leboeuf.*) Ah ! Dieu merci ! Enfin quelqu'un de sensé. Vous allez m'aider à répéter. (*Il pose un genou à terre pour déclamer.*)

LEBŒUF, *faisant tournoyer son sac en prenant une posture de prostituée*. – Qu'est-ce qui te ferait plaisir, mon chou ?

LAMPION. – Juliette, moi Roméo, j'implore ta pitié.

Ton balcon est si haut ! Je suis venu à pieds.

LEBŒUF. – Pour 10 sacs, je veux bien te le faire prendre, ton pied ! Je connais des trucs qui vont te faire miauler, mon lapin ! J'ai tout le matos dans le J9.

LAMPION. – Le texte ! Rien que le texte, bordel ! (*Récitant.*)

Ô Roméo, Roméo, mon dégourdi.

Attrape une échelle, j'enlève mes bigoudis !

LEBŒUF. – Je vois ce que c'est… Un original ! Ce sera 10 sacs de plus !

LAMPION, *dépité*. – Désolé, mais vous n'êtes pas du tout le personnage. J'appelle mon agent. (*À Lebœuf avec dédain.*) Amateur !

LEBŒUF. – Impuissant !

Lampion téléphone. Lebœuf fait quelques pas en faisant tournoyer son sac à main. Ce dernier lui échappe et vole à travers la pièce. Retour de Giraud muni de son micro.

GIRAUD. – Problème d'impuissance ? Nous vous proposons le potage au gingembre « Garde-à-vous » ! Potage « Garde-à-vous », un grand black sommeille en vous !

LAMPION. – Mais vous allez nous foutre la paix, oui ! (*Il prend un chapeau de cow-boy et le lance en coulisses.*) Allez, va chercher !

Giraud sort chercher le chapeau. Lebœuf redevenue normale, réalise soudain.

LEBŒUF. – C'est génial ! Avec un peu d'entraînement, j'arriverai sûrement à maîtriser ces changements. Et une fois que j'aurai mis la main sur le bouquin, à moi le succès, à moi le congrès.

LAMPION. – Vous comptez participer à un congrès, vous ?

LEBŒUF. – Et pourquoi pas ?

LAMPION. – Mais ma pauvre amie, il faut avoir un minimum de technique. Discourir devant une foule ne s'improvise pas, ça s'apprend.

LEBŒUF. – Ah bon !

LAMPION. – Évidemment ! (*Toujours au téléphone.*) Bon ! Pas de réponse, je renonce. (*Lampion raccroche le téléphone et se dirige vers Lebœuf.*) Tout d'abord, à votre arrivée, avant même de dire un mot, il faut les capter, les impressionner. Le secret : la démarche. Elle doit être lente, sûre, mûre et réfléchie. Allez-y, faites quelques pas. (*Lebœuf n'a même pas le temps de faire un pas que Lampion la coupe.*) Stop ! Ça suffit ! Si vous mettez le pied droit devant le pied gauche, c'est parce que vous ?... C'est parce que vous ?...

LEBŒUF. – Parce que vous me le dites !

LAMPION. – Parce que vous le voulez. Ce doit être le résultat d'une longue réflexion et non pas la conséquence d'une motivation imbécile. Vous comprenez ?

LEBŒUF. – Ben c'est à dire que c'est pas…

LAMPION. – Venez ici ! (*Il tire Lebœuf vers lui.*) Un, on lève la tête, le regard fixe et assuré. On sait où l'on va et pourquoi on y va. Bien. Deux, on remonte le torse, on oxygène ses poumons. La poitrine gorgée d'air on est toujours plus puissant. Trois, on rentre le ventre et on fait ressortir les fesses. Ces trois éléments réunis, on peut avancer.

Lebœuf arpente la pièce comme elle peut.

LEBŒUF. – Et vous pensez qu'avec ça, j'aurai le congrès à mes pieds.

Lampion. – Non. Ce n'était que la première étape. Ensuite, vient le moment où vous devez vous exprimer. Alors là on n'est pas à la criée, ni chez la mère Poulard ! Il faut parler lentement, distinctement, fort avec une diction irréprochable. (*Il lui montre le fouet de cuisine.*) Allez-y ! Prenez ce fouet comme un micro et imaginez-vous au congrès devant cinq cents paires d'oreilles, attentives à chacune de vos paroles, et dites-moi une phrase.

Lebœuf, *redevenue cuisinier au contact du fouet.* – Le bouquet garni, vous le mettez directement dans le cul du poulet ! (*Elle pose le fouet.*) Alors ?

Lampion. – On ne se rend pas bien compte… Vous n'auriez pas du Musset ?

Lebœuf. – Dès que j'aurai mis la main sur le livre du docteur, je n'aurai plus aucun problème de ce côté-là.

Lampion. – Un livre ? Quel livre ?

Lebœuf. – Un ouvrage de Freud.

Lampion. – Celui qui est sous la machine ?

Lebœuf. – Sous la machine ?!

Lebœuf va le chercher avec un mouchoir pour ne pas être transformée.

Lampion. – Oui. C'est lui qui en a parlé dans un de ses délires.

Lebœuf. – Dire que je l'avais sous les yeux depuis le début. Oui mais, est-ce que c'est le bon ? C'est un rusé ce docteur. Je vais l'essayer. (*Elle touche le livre et devient Freud.*) T'as couché avec ta mère !

Lampion, *embarrassé.* – Qui vous l'a dit ?

LEBŒUF. – Ah oui, c'est bien Freud, ça ! Merveilleux ! À moi le succès ! À moi le congrès ! Faut que je me laisse pousser la barbe.

Lebœuf sort. Lampion la suit.

LAMPION. – Oui mais travaillez d'abord votre diction… Eh ! Attendez, je ne vous ai pas encore parlé de la troisième étape : la tenue vestimentaire et de la quatrième, l'humour…

Lampion sort. Pamela, l'ex-femme de Giraud, entre.

PAMELA. – Grégoire ! Où te caches-tu ? C'est Pamela. Grégoire, je sais que tu es là.

Giraud entre le chapeau de cow-boy vissé sur la tête. Il s'est transformé en fan de western.

GIRAUD. – Barman ! Un tord-boyau ! Et une grenadine pour mon cheval.

PAMELA. – Ah ! Tout de même !

GIRAUD. – Salut Eddy ! (*À Pamela.*) Salut baby !

PAMELA. – C'est tout ce que tu trouves à me dire. Tu croyais tout de même pas que j'allais te laisser continuer ton petit jeu indéfiniment.

GIRAUD, *menaçant*. – L'un de nous est de trop dans cette ville !

PAMELA. – Je te demande pardon ?

GIRAUD. – L'un de nous est de trop, dans cette ville !

PAMELA. – Qu'est-ce que tu entends par là ?

GIRAUD. – J'entends que j'suis le nouveau shérif de cette ville. Et je compte bien débarrasser cette ville de tous les coyotes qui traînent dans cette ville.

PAMELA. – Où ?

GIRAUD. – Dans cette ville.

PAMELA. – Tu es ivre ?!

GIRAUD. – Luke ! Yves était mon frère. Il a été abattu par des coyotes de trois balles dans une corde autour du cou. Je suis venu le venger dans cette ville !

PAMELA, *atterrée*. – Mais de quoi tu parles ?

GIRAUD. – De trois balles de coyotes dans une corde dans cette ville !

PAMELA. – Je ne sais pas au juste à quoi tu joues, Grégoire. Mais je ne te laisserai pas faire. Tu m'entends ?

GIRAUD. – Tu vas mourir, baby !

PAMELA. – Quoi ?! Des menaces maintenant. Assieds-toi ! (*Giraud ne bouge pas. Elle sort un revolver de son sac.*) J'ai dit assis ! (*Giraud obéit et va s'asseoir au bureau.*) J'exige ma pension alimentaire sur le champ. Je suis prête à tout, Grégoire. Le courrier à la sécu, ce n'était qu'un début. Oui, t'as bien dû te douter que ça venait de moi. En six ans de vie commune, j'ai pu en accumuler des dossiers sur ton compte. Mais ce n'est pas fini. J'ai encore pas mal de cordes à mon arc. Je peux te briser si je veux. Physiquement et moralement. D'ailleurs tu veux tout savoir ? J'ai un amant. Et puis, je peux même te dire qui c'est. Lampion, l'éboueur. C'est un gros con c'est vrai mais c'est un formidable amant. Surtout quand il retire sa combinaison avant de se coucher. Alors le chèque est déjà prêt, tu n'as plus qu'à signer. Tiens, je t'ai même rapporté ton stylo fétiche. Ton fameux stylo porte-bonheur sans lequel soi-disant, tu ne peux rien créer. Tu croyais l'avoir perdu eh bien tiens, c'est mon cadeau d'adieu. Alors maintenant, signe !

Giraud prend le stylo en main, s'immobilise et redevient normal.

GIRAUD. – Pamela?

PAMELA. – Signe. (*L'arme pointée sur sa tempe, Giraud signe le chèque machinalement. Pamela pose son revolver sur la table, s'empare du chèque et le range dans son sac.*) Adieu Grégoire!

GIRAUD. – Pamela…

PAMELA. – Non Grégoire. C'est trop tard.

Pamela sort précipitamment en oubliant son revolver sur le bureau. Giraud reste assis comme dépassé par les événements. Il se lève et déambule dans son cabinet complètement sonné. Lebœuf entre avec des gants et s'adresse à Giraud.

LEBŒUF. – Dis donc face de crabe, au lieu de rester planté là, tu pourrais ranger un peu.

GIRAUD. – Face de quoi?

LEBŒUF. – Face de crabe… (*Réalisant.*) Euh… Docteur Giraud?

GIRAUD. – En chair et en neurone! Vous vous attendiez à voir quelqu'un d'autre?

LEBŒUF. – C'est à dire que tout à l'heure…

GIRAUD. – Tout à l'heure?

LEBŒUF. – Votre comportement…

GIRAUD. – Mon comportement?

LEBŒUF. – Après être passé sous la machine, vous...

GIRAUD. – Par la barbe de Sigmund. Je suis passé sous la machine ?

LEBŒUF. – Euh… Oui !

GIRAUD. – J'ai déjà fait l'expérience avec le bouquin, alors ?

LEBŒUF. – Pas vraiment. Ça a été un accident. La machine s'est déclenchée. On a été irradié. Et depuis…

GIRAUD. – Et depuis ?...

LEBŒUF. – Eh bien, on…

GIRAUD. – Eh bien, on… quoi ?

LEBŒUF. – Regardez ! (*Elle retire son gant, prend le fouet et devient le cuisinier.*) Le bouquet garni ! Hop ! Dans le cul du poulet ! (*Elle lâche le fouet et remet le gant.*)

GIRAUD. – C'est effrayant ! C'est stupéfiant ! C'est logique ! Oh ! Par la barbe de la barbe de la barbe de Sigmund, c'est merveilleux ! (*Giraud se dirige vers la machine.*) Le livre ! Il n'est plus là. Je suis pourtant sûr de l'avoir caché sous la machine. (*Réalisant soudain.*) Ma chère Solange ! Est-ce que par hasard, c'est vous qui l'auriez pris ?

LEBŒUF. – Euh… Non.

GIRAUD. – Vous en êtes sûre ?

LEBŒUF. – Euh… Oui.

GIRAUD. – Certaine ?

LEBŒUF. – Euh… Oui.

GIRAUD. – Vous savez que je n'aime pas qu'on me mente…

LEBŒUF. – Euh… Non.

Giraud. – Arrêtez de faire des phrases et dites-moi la vérité !

Lebœuf. – Eh bien oui, c'est moi. Après tout, c'est moi qui l'ai trouvé, c'est moi qui l'ai expertisé, c'est donc à moi qu'il revient.

Giraud. – Lebœuf ! Ma chère Lebœuf ! Vous n'auriez pas dans l'idée d'aller au congrès à ma place, par hasard.

Lebœuf. – Et pourquoi pas ? Depuis que je travaille avec vous, vous m'exploitez, vous me faites faire tout le travail sans aucun remerciement, sans aucune compensation financière ou horaire.

Giraud. – Taisez-vous !

Lebœuf. – Non, je ne me tairai pas. Vous avez suffisamment profité de moi. Aujourd'hui les rôles sont inversés.

Giraud. – Allons ! Soyez raisonnable. Rendez-moi ce bouquin !

Lebœuf. – Allez au diable !

Giraud. – Lebœuf !

Giraud s'avance menaçant vers Lebœuf. Celle-ci s'empare du revolver de Pamela et le pointe sur Giraud. Grâce à ses gants, elle reste elle-même.

Lebœuf. – Ne vous approchez pas sinon, je tire.

Giraud. – Ma pauvre amie ! Vous n'aurez jamais assez de cran.

Lebœuf. – Ne croyez pas ça. Vous ne savez pas de quoi je suis capable.

Giraud. – Eh bien allez-y, qu'est-ce que vous attendez ? Tirez ! Tirez ! Tirez !!! (*Lebœuf tire un coup de feu en direction de Giraud. En tombant, Giraud touche le fouet et devient cuisinier avant de s'écrouler.*) Le bouquet garni…

Lebœuf. – Docteur? Docteur Giraud, vous m'entendez? Mon Dieu qu'est-ce que j'ai encore fait?

NOIR

ACTE III

Lebœuf cache le corps du docteur dans le réservoir de la machine avec beaucoup de difficultés. On aperçoit juste une paire de jambes qui en dépasse. Elle s'arrête en entendant Lampion entrer.

LAMPION. – Vous avez entendu?

LEBŒUF. – Entendu quoi?

LAMPION. – Les coups de feu.

LEBŒUF. – Quels coups de feu?

LAMPION. – Vous n'avez rien entendu?

LEBŒUF. – Entendu quoi?

LAMPION. – Les coups de feu.

LEBŒUF. – Quels coups de feu?

LAMPION. – Je viens de vous dire qu'on a tiré des coups de feu.

LEBŒUF. – Je n'ai rien entendu.

LAMPION. – Où est le docteur?

LEBŒUF. – Quel docteur?

LAMPION. – Le docteur Giraud.

LEBŒUF. – Connais pas

LAMPION. – C'est votre patron, voyons. Ne faites pas l'imbécile !

LEBŒUF. – Ah, lui… Je ne sais pas. Tu… Vous pensez que c'est lui qui a tiré des coups de feu ?

LAMPION. – Possible ! Ou alors, c'est l'inverse. On lui a tiré dessus.

LEBŒUF. – Oh, Gérard ! Ne sois pas ridicule !

LAMPION, *furieux*. – Henry Delcrière ! Sociétaire de la Comédie-Française ! Non, ce n'est pas ridicule ! Peut-être qu'on a cherché à le faire disparaître. Peut-être qu'on a déjà enterré son corps. Peut-être qu'il est sous le plancher. Mon dieu, si la presse apprend que je suis lié à une histoire de meurtre, je peux dire adieu à ma carrière.

LEBŒUF. – Arrêtez de délirer ! Si ça se trouve, ce sont des gamins qui s'amusent avec des pétards dans la décharge.

LAMPION. – Ce n'est pas faux ! Il ne faut pas que je panique. (*Il panique tout de même et se précipite sur le bureau.*) J'appelle mon agent. (*Il décroche le téléphone.*) Ça ne marche pas.

LEBŒUF. – Qu'est-ce que tu racontes ?

LAMPION. – Il n'y a plus de tonalité.

LEBŒUF. – Le téléphone est peut-être en dérangement.

LAMPION. – Pourtant tout à l'heure, le téléphone fonctionnait parfaitement. (*Il voit le cadavre.*) Ah ! Des pieds !

LEBŒUF. – Où ça ?

LAMPION. – Là, dans la corbeille ! Mon dieu, le docteur Giraud !
Il est mort.

Lebœuf s'empare du revolver et le planque dans son dos.

LEBŒUF. – Ah bon !?

LAMPION. – Qu'est-ce que vous cachez derrière votre dos ?

LEBŒUF. – Moi, rien.

LAMPION. – Mon dieu, qu'est-ce que vous avez fait ? Vous avez
tué le docteur. Vous êtes un assassin. Il faut que j'appelle mon
agent.

LEBŒUF, *sortant le revolver.* – Ne bouge plus, Gérard !

LAMPION. – Henry Delcrière ! Intermittent du spectacle !

LEBŒUF. – Si tu préfères. Après tout, sous cette identité, j'aurai
moins de scrupule à te descendre. Alors maintenant, je te conseille
de me laisser partir sinon...

EUGÉNIE, *en off, redevenue normale.* – Docteur Giraud ?! (*En
entendant la voix d'Eugénie, Lebœuf pose le revolver sur le bureau.
Lampion s'en saisit. Eugénie entre.*) Mais, qu'est-ce qui se passe
ici ?

LAMPION. – Ah, Eugénie vous tombez bien. Vous allez pouvoir
m'aider.

EUGÉNIE. – Qu'est-ce que vous faîtes ?

LAMPION. – Cette femme a tué le docteur Giraud.

EUGÉNIE. – Tué le docteur Giraud ? Mais ce n'est pas vous le
docteur Giraud ?

LAMPION, *à Lebœuf.* – Dites-lui, parce que moi, je peux plus…

LEBŒUF. – Henry Delcrière. Intermittent de la Comédie-Française.

EUGÉNIE. – Je n'y comprends plus rien. Où est le docteur ?

LAMPION. – Dans la corbeille ! Il est mort.

EUGÉNIE. – Oh mon dieu, quelle horreur !

LAMPION. – Elle l'a tué et après elle l'a tassé.

LEBŒUF. – Aidez-moi, mademoiselle Eugénie ! Cet homme me tient en otage.

EUGÉNIE. – En otage ?!

LAMPION. – Redescendez sur terre ma fille. C'est elle qui a essayé de me tuer.

EUGÉNIE. – Vous tuer ?

LEBŒUF. – Ne l'écoutez pas, il ment. C'est lui qui veut me tuer.

EUGÉNIE. – Je n'y comprends rien. J'appelle la police.

LEBŒUF. – Non !

LAMPION. – Si, allez-y.

LEBŒUF. – De toute façon tu n'as aucune preuve.

LAMPION. – Et le corps du docteur alors ?

LEBŒUF. – Rien ne prouve que ce soit moi qui l'ai tué !

LAMPION. – Vous oubliez qu'il y a vos empreintes sur l'arme.

LEBŒUF, *déployant un large sourire.* – Faux ! Je porte des gants. Ce sont les tiennes qui ressortent et je suis prête à témoigner que c'est toi l'assassin. Une secrétaire médicale contre un simple éboueur qui se prend pour un acteur, à ton avis, qui est-ce qu'ils vont croire ?

LAMPION. – Éboueur ? Mais je suis comédien !

LEBŒUF. – T'as raison, Lampion.

LAMPION. – Delcrière ! Henri Delcrière ! C'est quand même pas compliqué à retenir. Et puis dites donc, mademoiselle Eugénie, vous l'oubliez un peu vite.

LEBŒUF. – Elle n'a aucune notion de ce qui s'est passé.

EUGÉNIE, *sortant son dictaphone.* – Ne croyez pas cela. J'avoue que deux, trois choses m'échappent encore mais dieu merci, j'ai tout enregistré. (*Eugénie rembobine son dictaphone et lance la bande. On y entend les pitreries de Lampion de l'Acte I.*) Qu'est-ce que c'est que cette blague ?

LAMPION. – Dites donc ! On s'éclate à la Sécu. Je comprends mieux pourquoi on est si mal remboursé.

EUGÉNIE. – Je vous assure…

LAMPION. – Bref ! Et ce coup de fil ?

EUGÉNIE, *décrochant le téléphone.* – Je n'ai aucune tonalité. La prise est bien connectée par contre, on dirait que le fil a été sectionné.

LAMPION. – Vous aviez pensé à tout, espèce d'assassine.

LEBŒUF. – Je n'y suis pour rien.

LAMPION. – Menteuse !

EUGÉNIE. – Non, elle a raison. On dirait plutôt qu'il a été rongé sans doute par une souris.

LAMPION. – Oh les sales bêtes !

EUGÉNIE. – Si vous aviez un petit tournevis, je pourrais peut-être faire quelque chose.

LAMPION, *ironique.* – Bien sûr ! Je ne sors jamais sans un minimum d'accessoires : tournevis, perceuse, rabot… un petit clou peut-être ?

Eugénie reste à regarder Lampion. Visiblement, elle n'adhère pas à son humour.

EUGÉNIE, *très premier degré.* – Donc, vous n'avez pas de tournevis ? Ce n'est pas grave, je vais me débrouiller autrement. Je dois avoir un petit couteau suisse qui traîne quelque part. (*Elle le sort de son sac et part dans une présentation soporifique de son outil.*) Alors vous voyez, il est très pratique parce qu'il fait tournevis, tire-bouchon, couteau évidemment et sur le côté, vous avez une petite pince à épiler qui… Bref !

Eugénie se rend compte qu'elle ennuie tout le monde. Elle retourne réparer le téléphone.

LAMPION. – Alors ?

EUGÉNIE. – Oui ben deux minutes ! Si vous croyez que c'est facile. Et puis arrêtez de me regarder, ça me déconcentre… La sale bête n'a pas loupé son coup. Aïe ! En plus je viens de me casser un ongle.

LAMPION. – Vous ne pouvez vraiment rien faire ?

EUGÉNIE. – À part le limer.

LAMPION. – Je parlais du téléphone.

EUGÉNIE. – C'est bon, j'ai une tonalité. Je vais pouvoir les appeler.

LAMPION. – Allez-y ! Ainsi, nous verrons bien lequel de nous deux ils croiront.

EUGÉNIE. – Allô ! Oui je suis bien au commissariat ? Bonjour monsieur, je m'appelle Eugénie de la… Oui j'attends, oui ! Bonjour madame. Je m'appelle Eugénie de la… Oui j'attends, oui ! Ah ! Bonjour monsieur. Je m'appelle Eugénie de la. Je suis déléguée par le service des fraudes médicales à la Sécurité sociale et je viens de découvrir (*Voix d'enfant :*) que mon pépé, eh bien il travaille dans une ferme. (*Voix normale :*) Qu'est-ce que je raconte ? Pardon ! Je suis dans le cabinet du docteur Giraud Grégoire, 89, boulevard du Général-Leclerc, et je viens de découvrir que (*Voix d'enfant :*) mon pépé, il élève des poules mais elles sont toutes mangées par le renard ! (*Voix normale :*) Euh ! Et le renard a fait des expériences sur des animaux puis sur des hommes. De plus, un meurtre vient d'être commis et… Pardon ? Mais non, je ne me moque pas de vous. Dis donc, je n'ai pas l'habitude de plaisanter. Vous savez qui je suis ? (*Voix d'enfant :*) Je suis la reine des paupiettes, la reine de la dînette.

LAMPION. – Qu'est-ce qu'elle raconte ? (*Il prend le combiné.*) Passez-moi ça. Allô ! Allô !… Ils ont raccroché les malotrous.

LEBŒUF, *rectifiant*. – Trus.

LAMPION. – Trus ! Je crois que nous irons plus vite en allant directement à la police.

EUGÉNIE. – Très bonne idée. Donnez-moi ce revolver. Je préfère garder l'œil sur vous deux, au cas où.

LAMPION. – Et pour le corps du docteur, qu'est-ce qu'on fait ?

EUGÉNIE. – Oh, cela m'étonnerait qu'il bouge d'ici notre retour. Les poules viendront le chercher plus tard.

LAMPION. – Qui ça ?

EUGÉNIE. – Ben, la poulice.

LAMPION. – Bien sûr… Les pouliciers… Les poulets, quoi !

Eugénie. – Oui.

Lebœuf profite de cet échange pour se diriger vers la machine. Elle l'actionne et s'enfuit.

Lebœuf. – Vous ne m'aurez pas.

Lampion. – Elle a déclenché la machine. Ça va péter !

Eugénie. – Pas de panique. Il doit sûrement y avoir une solution.

Lampion. – J'appelle mon agent.

Eugénie. – La question est de savoir ce qu'il faut faire pour éteindre un appareil électrique en fonctionnement ? Il suffit sans doute de le débrancher.

Eugénie débranche des fils de la machine qui s'arrête net. La pièce est dans le noir.

Lampion. – Bravo ! Vous avez fait sauter les plombs.

Eugénie. – Pas de panique ! Où est l'armoire électrique ?

Lampion. – Qu'est-ce que j'en sais ? Tâtonnez ma fille, tâtonnez !… Ah ! Y'a une grosse bête.

Eugénie. – Dites donc ! Restez poli !

Lampion. – J'ai peur dans le noir.

Eugénie. – Mais c'est fini, oui ! Quelle poule mouillée ! Donnez-moi la main. Non, la main, j'ai dit… La main.

Eugénie gifle Lampion qui redevient normal.

Lampion. – Aïe !

EUGÉNIE. – Écoutez, je suis vraiment confuse mais vous l'avez cherchée… Monsieur Delcrière ?! Ça va ? Où est-ce qu'il est passé encore ? Monsieur Delcrière ?

LAMPION, *redevenu normal.* – Qui ça ?

EUGÉNIE. – Ben ?! Vous êtes qui, vous ?

LAMPION. – Gérard Lampion !

Eugénie sort une lampe de poche et l'éclaire.

EUGÉNIE. – Dites donc, vous changez d'identité comme de chemise. Un coup docteur, un coup comédien… Maintenant c'est quoi ? Sculpteur sur glace ?

LAMPION. – Non, éboueur.

EUGÉNIE, *ironique.* – Félicitations ! Vous allez crescendo. Vous auriez été électricien, ça nous aurait mieux arrangés. Mais où est-ce qu'elle est cette maudite armoire électrique ?

LAMPION. – Dans la remise. Je m'en occupe… Permettez ?

Lampion lui emprunte sa lampe de poche et sort vers la remise.

EUGÉNIE. – Vous vous en sortez ? Vous voulez mon couteau suisse ?

LAMPION, *en off.* – C'est bon, merci. J'envoie.

EUGÉNIE. – Allez-y ! (*Réalisant soudain qu'elle va se faire irradier.*) Euh… Non, attendez !

En remettant les plombs, Lampion actionne involontairement la machine. Eugénie, seule dans la pièce, se fait à nouveau irradier. Elle tombe au sol. La machine s'arrête. La lumière revient.

Lebœuf, *en off.* – Oui. Oui monsieur Blot, je comprends bien. Non, vous ne pouvez pas entrer, le docteur Giraud est absent pour le moment… N'insistez pas, c'est impossible. Bon. Ne bougez pas ! Je vais voir ce que je peux faire ! (*Lebœuf pénètre prudemment dans la pièce et prend le tournevis. Eugénie est écroulée au sol et se relève péniblement.*) Mademoiselle Eugénie, il faut me croire. C'est pas moi l'assassin. C'est lui le coupable.

Eugénie/Giraud, *dos au public.* – Par la barbe de Sigmund ! C'est pas très beau de mentir, Solange !

> *Lebœuf s'immobilise et réalise ce qu'il vient de se produire. Elle jette un œil en direction de la corbeille de la machine et réalise que le docteur Giraud s'est réincarné dans le corps d'Eugénie. Lampion rentre fringant.*

Lampion. – Super ! Tout est rentré dans l'ordre.

Lebœuf. – Pas vraiment non.

Lampion, *apercevant le docteur Giraud en Eugénie.* – Monsieur, dame ! (*Réalisant.*) Docteur Giraud ?!

> *Eugénie se retourne alors face public. On la découvre sous les traits du docteur Giraud : visage et corps du docteur Giraud dans les vêtements d'Eugénie.*

Eugénie/Giraud. – En chair et en neurone !

Lampion. – Et en jupe.

> *Lebœuf et Lampion se regardent et poussent un cri.*

Lebœuf et **Lampion.** – Aaaaaah !

NOIR FINAL

Imprimé à la demande par Books On Demand GmbH, Bad Hersfeld, Allemagne

3e trimestre 2016
1re édition, dépôt légal : juillet 2016
N° d'édition : 201640
ISBN : 978-2-37393-181-5